AF276981

Percepción de los equipos directivos y del profesorado de los Centros Ordinarios sobre los Centros de Educación Especial

Inés Meroño Herranz

Bachelor's Thesis

[September 2025]

Universidad de Murcia

Supervisors: Pilar Arnaiz Sánchez
Javier Abellán Rubio

Faber & Sapiens

Percepción de los equipos directivos y del profesorado de los Centros Ordinarios sobre los Centros de Educación Especial

Inés Meroño Herranz

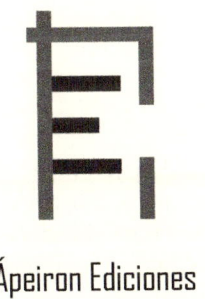

Ápeiron Ediciones

First Edition by Faber & Sapiens,
an imprint of Ápeiron Ediciones,
in 2026

Text copyright © Inés Meroño Herranz

© Faber & Sapiens
© Ápeiron Ediciones
C/ Príncipe de Vergara, n.º 132, planta 9
28002 Madrid
Tfno. (+34) 611 00 28 41
E-mail: info@faberandsapiens.com
http: www.faberandsapiens.com

Design and layout: Ápeiron Ediciones

ISBN: 979-13-991435-7-7
DL: M-27318-2025

All rights reserved. This book is sold subject to the condition that it shall not, by way of trade or otherwise, be lent, hired out or otherwise circulated in any form of binding or cover other than that in which it is published. No part of this publication may be reproduced, stored in a retrieval system, or transmitted in any form or by any means (electronic, mechanical, photocopying, recording or otherwise) without prior written permission of Ápeiron Ediciones.
The publisher is not responsible for websites (or their content) that are not owned by the publisher.

Agradecimientos

En primer lugar, quiero expresar mi más profundo agradecimiento a mis maestros y directores Pilar Arnaiz y Javier Abellán, quienes me han guiado con paciencia y dedicación preparándome para adentrarme en el apasionante mundo de la investigación.

En segundo lugar, dar las gracias a mi familia por educarme siempre en la verdad y apoyarme en cada avance y caída.

Finalmente, dar gracias a Dios por la vida, siendo cada logro suyo.

Resumen

Actualmente la educación se considera un derecho fundamental que incluye la posibilidad de recibir una educación de calidad, equitativa, inclusiva y sin discriminación, independientemente de las características del alumnado; en este contexto se encuentran los Centros de Educación Especial (CEE). El objetivo de este trabajo de investigación es conocer el rol que los equipos directivos y el profesorado de Centros Ordinarios (CO) otorga a los Centros de Educación Especial respecto al contexto educativo. Para llevar a cabo el estudio, se empleó un diseño cualitativo, no experimental-descriptivo, en el que se utilizó el programa de ATLAS.ti (V.8). Los y las participantes de esta investigación han sido un total de 9 personas vinculados a los centros educativos participantes: equipo directivo (3) y docentes (6), de dos CO. Tras un análisis de las respuestas, los resultados muestran las fortalezas y debilidades de los CEE, así como las características propias del alumnado asistente a los mismos, agrupándose en tres categorías: valoración del centro (positiva y negativa), características del alumnado escolarizado en un CEE y beneficios y desventajas del centro. En relación con fortalezas, destaca la especialización del centro, las aportaciones que ofrecen a los CO, mayor atención al alumnado y una alternativa al Aula Abierta Especializada (AAE). En cambio, presentan debilidades como la limitación en socialización, no favorece la inclusión del alumnado o el duelo familiar. Se puede concluir que los CEE son recursos valiosos, pero debe fortalecerse en los mismos el trabajo mutuo y la cooperación entre modalidades para avanzar hacia una educación más inclusiva.

Palabras clave: Centro de Educación Especial, Equipo directivo, Profesorado, Escolarización del alumnado con Necesidades Educativas Especiales, Aulas Abiertas Especializadas.

Abstract

Education is currently considered a fundamental right that includes the possibility of receiving a quality, equitable, inclusive and non-discriminatory education, regardless of the characteristics of the students; this is the context in which Special Education Centres (SEC) are located. The aim of this research work is to find out the role that the management teams and teaching staff of Ordinary Centres (OC) give to Special Education Centres with respect to the educational context. To carry out the study, a qualitative, non-experimental-descriptive design was used, in which the ATLAS.ti programme (V.9) was used. A total of nine people linked to the participating educational centers took part in this research: team (3) and teachers (6), from two OCs. After analysing the responses, the results show the strengths and weaknesses of the SECs, as well as the characteristics of the students attending them, grouped into three categories: assessment of the centre (positive and negative), characteristics of the students attending an SEC, and benefits and disadvantages of the centre. In relation to strengths, they highlight the specialisation of the centre, the contributions offered to OCs, greater attention to pupils and an alternative to the Specialised Open Classroom (SOC). On the other hand, there are weaknesses such as the limitation in socialisation, not favouring the inclusion of pupils or family bereavement. It can be concluded that SECs are valuable resources, but mutual work and cooperation between modalities must be strengthened in order to move towards a more inclusive education.

Keywords: Special Education Centre, Management Team, Teachers, Schooling of pupils with Special Educational Needs, Specialised Open Classrooms.

Contents

Introducción

La educación inclusiva, fundamentada en los principios de equidad, igualdad y justicia social, constituye en la actualidad uno de los principales retos del sistema educativo, ya que su objetivo fundamental es garantizar una formación educativa con éxito a todo el alumnado, sin distinción de sus características físicas, sociales o culturales. Además, requiere que toda la comunidad educativa se implique.

En este marco, los Centros de Educación Especial (en adelante, CEE) desempeñan un papel complejo en la escolarización del alumnado con Necesidades Educativas Especiales (en adelante, NEE), siendo un debate bastante controvertido en el contexto de la inclusión. A pesar de ser centros creados para atender al alumnado con NEE, su existencia genera diversos interrogantes a la hora de estudiar los límites y las posibilidades de los Centros Ordinarios (CO, en adelante) para acoger al alumnado escolarizado hoy en los CEE. A través de este Trabajo de Fin de Grado se pretende analizar el rol que desempeñan los CEE en el contexto educativo actual desde la percepción del equipo directivo y el profesorado de CO. Asimismo, se propone conocer el perfil del alumnado escolarizado en este tipo de centros, así como los beneficios y las desventajas que este modelo educativo presenta.

Este estudio se organiza en cuatro bloques principales. El primer bloque es el *Marco Teórico*, donde se recogen los fundamentos teóricos centrados en: el rol que desempeñan los CEE en el sistema educativo, la escolarización del alumnado con NEE y la figura del equipo directivo, así como del profesorado, en la construcción de una escuela inclusiva. El segundo bloque es el *Estudio Empírico*, donde se describe la justificación del problema, el diseño, el proceso de la investigación y análisis El tercer bloque abarca la exposición de *Resultados* donde se analizan los resultados obtenidos de cada objetivo específico planteado. En el último bloque, *Discusión y Conclusiones*, se analizan los resultados y se exponen las conclusiones del estudio. A partir de los resultados obtenidos en la investigación realizada, se aportan datos que se espera que contribuyan al camino que han de recorrer los CEE en el contexto de una educación inclusiva y equitativa.

1. MARCO TEÓRICO

1.1. Los Centros de Educación Especial y su rol en el contexto educativo

Los CEE en el sistema educativo español generan hoy en día un gran debate acerca de su existencia, ya que hasta hace no mucho constituían la alternativa más importante para la escolarización del alumnado en situación de discapacidad (Pernía y Rueda, 2016). De esta manera, estos centros están concebidos con el objetivo de ofrecer una respuesta educativa que requiere de personal especializado y recursos específicos que no siempre pueden garantizarse en los CO.

La Ley Orgánica 3/2020 (LOMLOE) por la que se modifica la Ley Orgánica 2/2006, de 3 de mayo, de Educación, contempla en su disposición adicional cuarta un marco estratégico orientado a alcanzar un sistema educativo lo más inclusivo posible. En dicha disposición, se plantea el desarrollo de un plan, en un plazo de diez años, con la propuesta de dotar a los CO de los recursos necesarios para atender en condiciones óptimas al alumnado en situación de discapacidad, cuya responsabilidad recae en el Gobierno y en las Administraciones educativas. Esta medida se sustenta especialmente en el artículo 24 de la Convención de la ONU sobre los Derechos de las Personas con Discapacidad y en el cuarto Objetivo de Desarrollo Sostenible de la Agenda 2030, cuyo fin es proporcionar una educación inclusiva, equitativa y de calidad. No obstante, en esta misma ley se reconoce el rol de los CEE siendo necesarios en aquellos casos donde el alumnado requiere una atención altamente especializada y las condiciones no permiten su inclusión en un entorno ordinario, aunque su papel se proyecta hacia una transformación futura en centros de referencia de apoyo que colaboren con los CO.

En la relación con el funcionamiento de los CEE, estos centros, y los profesionales que en ellos trabajan, cuentan con un amplio conjunto de conocimientos, habilidades, buenas prácticas educativas y recursos, siendo referentes que proporcionan apoyo y recursos especializados a otros profesionales y agentes educativos en entornos educativos regulares (Pernía y Rueda, 2016). Además, se trata de un equipo multidisciplinar altamente especializado en la atención a las necesidades del alumno en situación de discapacidad y disponen del Servicio de Asesoramiento y Atención Especializada (SAAE), cuya función es el asesoramiento de los materiales tanto del propio centro como de otros centros de la provincia (Sánchez, 2016). En este sentido, los CEE son instituciones educativas dotadas de personal altamente cualificado y recursos técnicos específicos que permiten una atención más individualizada y específica.

En el contexto actual, en el que se pretende alcanzar una transformación de la educación hacia el objetivo de una inclusión plena en el sistema educativo, es fundamental comprender la perspectiva de los CEE como centros que no están aislados, sino como instituciones que complementan a los CO aportando apoyo específico, tanto en recursos materiales y humanos, que no siempre pueden ser ofertados por dichos centros (Sánchez, 2016). Esta concepción integradora supone el planteamiento de un modelo inclusivo que supere la dualidad entre educación ordinaria y especial, lo cual conlleva considerar el rol de estos centros como parte de una red de apoyo. En palabras de Alcaraz et al. (2024), existe la necesidad de avanzar hacia un modelo único dejando atrás la dualidad, promoviendo CO capaces de responder a las necesidades de todo el alumnado, ofreciendo una inclusión real que no excluya, sino que incluya y cuente con el apoyo de los CEE como un recurso especializado en el ámbito educativo. No obstante, estos mismos autores exponen que para alcanzar este objetivo conviene la reestructuración de los CO que permita acoger a todo el alumnado.

Sin embargo, los CEE crean un gran debate dentro del paradigma de una educación inclusiva llegando a ser un objeto de revisión continua. En este término, las políticas internacionales tales como la Organización de las Naciones Unidas (ONU) y, en especial, en el ámbito para la Educación, la Cultura y la Ciencia (UNESCO), promueven un modelo educativo plenamente inclusivo donde todo el alumnado, sin importar su discapacidad, pueda aprender junto con sus compañeros en igualdad de oportunidades y en un mismo contexto educativo.

En el artículo 24 de "Educación" de la Convención Internacional sobre los Derechos de las Personas con Discapacidad, ONU (2006), se establece que los Estados Parte deben garantizar que ninguna persona en situación de discapacidad quede excluida del sistema general de educación por motivos de su condición, permitiendo su acceso y participación efectiva a una educación primaria y secundaria inclusiva, de calidad y en igualdad de oportunidades que el resto. Así, dicha inclusión debe darse en el entorno más cercano del alumno, lo que refuerza la necesidad, previamente mencionada, de transformar los CO en estructuras capaces de acoger la diversidad actual. En su informe sobre la inclusión y la educación, la UNESCO (2020) señala que los trabajadores de las escuelas especiales suelen ser profesionales capacitados, requiriendo de una formación especializada para la educación especial, puesto que "esta tiende a impartirse en instituciones o programas diferentes de los de la educación convencional, lo que puede perpetuar la segregación y obstaculizar los avances para volver inclusivos los sistemas educativos" (p.164). En este marco, el papel de los CEE debe ser de apoyo y recursos para avanzar hacia un modelo más equitativo, colaborando activamente con los centros ordinarios para garantizar una educación verdaderamente inclusiva y respetuosa con los derechos humanos.

Este enfoque no pretende eliminar los CEE de forma inmediata, sino reconvertir progresivamente su rol. Añón y Vaello (2021) proponen concebir los CEE como centros de recursos especializados con capacidad de ofrecer el apoyo y asesoramiento necesario a los CO, superando la división entre dos sistemas paralelos. De este modo, pasarían a convertirse en una pieza clave para alcanzar una escuela inclusiva que dé respuesta a todo el alumnado. Además, estos centros deben mantener un vínculo con los CO asegurando su participación en actividades conjuntas y proyectos educativos (Marchesi, 2017), dejando atrás el aislamiento y convirtiéndose en un agente estratégico.

En este ámbito, las familias adquieren una postura imprescindible en el proceso educativo de garantizar una respuesta de calidad al alumnado en situación de discapacidad, ya que a través de la participación ofrecen un acompañamiento continuo, un apoyo constante y una evaluación personalizada (Ramírez, 2016). Por ende, en los CEE donde el alumnado presenta un mayor grado de necesidad y requiere, en ocasiones, de una dependencia médica, la colaboración de las familias es esencial ya que, como afirma Amaro (2015), juegan un papel activo en el centro cuya implicación en el cuidado y atención de sus hijos es significativa. No obstante, en una investigación realizada por Palomino y Ruíz (2013), acerca de la participación de las familias en los CEE, concluyen que es destacable cómo el profesorado de los CEE se muestra menos convencido a la hora de asegurar la participación de las familias en la vida del centro, lo que evidencia la necesidad de fortalecer estrategias de participación y un posible obstáculo en el camino hacia una educación verdaderamente inclusiva y colaborativa.

En este contexto, es evidente que resulta ser una transformación de ambas partes, CO y CEE, implicando su revisión y reestructuración para alcanzar una educación más inclusiva.

No sólo se trata de incluir a todo el alumnado en los CO, sino de realizar las modificaciones pertinentes en las prácticas educativas, las relaciones entre los agentes, los recursos y las funciones de los profesionales que permitan la transición de los CEE en un modelo de apoyo y servicio a los CO. En definitiva, se trata de avanzar hacia un enfoque más inclusivo que evite la exclusión y promueva una educación igualitaria, participativa y sin discriminaciones (Arnaiz, 2019), por lo que se debe tener en cuenta que "los recursos deben estar donde está el alumnado y no al revés" (Pernía y Rueda, 2016, p.6).

1.2. Escolarización del alumnado con Necesidades Educativas Especiales en los Centros de Educación Especial

El Decreto n.º 359/2009, de 30 de octubre, por el que se establece y regula la respuesta educativa a la diversidad del alumnado en la Comunidad Autónoma de la Región de Murcia, en el capítulo V, sobre los centros de educación especial y las aulas abiertas especializadas en centros ordinarios, artículo 26, se señala que:

> Los centros de educación especial están destinados al alumnado con necesidades educativas graves y permanentes, asociadas a condiciones personales de discapacidad y con necesidades de apoyo extenso y generalizado, que requieran recursos humanos y materiales específicos, de acuerdo con la evaluación psicopedagógica y el dictamen de escolarización realizados por los equipos de orientación educativa

y psicopedagógica u orientadores de los centros, así como adaptaciones que se aparten significativamente de los objetivos, contenidos y criterios de evaluación del currículo que le corresponde por su edad, y cuyas necesidades no puedan ser atendidas en el marco de las medidas de atención a la diversidad de los centros ordinarios (p.27).

Este mismo Decreto, en su capítulo III "Necesidades específicas de apoyo educativo", expone el tipo de escolarización de este alumnado. De este modo, en el artículo 11 de Necesidades Educativas Especiales, se explicita que:

— Conforme establece el artículo 74.1 de la Ley Orgánica 2/2006, de 3 de mayo, de Educación, la escolarización de este alumnado en unidades o centros de educación especial, que podrá extenderse hasta los veintiún años, sólo se llevará a cabo cuando sus necesidades no puedan ser atendidas en el marco de las medidas de atención a la diversidad de los centros ordinarios.

— Cuando las necesidades educativas especiales del alumnado sean consideradas graves y permanentes y requieran un apoyo extenso y generalizado con adaptaciones significativas en todas las áreas o materias del currículo que le corresponde por su edad de acuerdo a la evaluación psicopedagógica y al dictamen de escolarización, será atendido en centros de educación especial o escolarización combinada entre centros ordinarios y centros de educación especial (p.17).

Esta normativa contempla dos tipos de modalidades de escolarización en CEE, con relación a las NEE, pudiéndose distinguir entre: una escolarización en un CEE a jornada completa y lo que es conocido como "Integración combinada", donde se articula la asistencia al CO y CEE. Esta organización queda reflejada en la Orden de 3 de mayo de 2011, de la Consejería de Educación, Formación y Empleo, por la que se regulan la implantación, desarrollo y evaluación de las enseñanzas a impartir en los Centros Públicos y Privados concertados de Educación Especial y Aulas Abiertas Especializadas en Centros Ordinarios de la Comunidad Autónoma de la Región de Murcia, en cuyo artículo dos del capítulo I, "Disposiciones generales", asigna a la Comisión Específica de Escolarización la responsabilidad de velar por la adecuada escolarización del alumnado en estas dos modalidades incluyendo la oferta de las Aulas Abiertas Especializadas.

En este sentido, el decreto subraya que la escolarización en los CEE debe ser entendida como una medida extraordinaria y únicamente planteada una vez que se haya comprobado que las necesidades del alumno no pueden ser atendidas adecuadamente en un CO.

1.3. El papel de los equipos directivos y del profesorado de los Centros Ordinarios para promover una educación inclusiva

Como ya se ha mencionado, la educación inclusiva es uno de los objetivos principales de los centros educativos, siendo un pilar fundamental a través del cual alcanzar una escuela justa, equitativa y fiel a la diversidad de todo su alumnado. Autores como Booth y Ainscow (2015) apuntan que "el cambio en los centros escolares se transforma en una mejora inclusiva cuando está basado en valores inclusivos" (p.16), dotando de valor la inclusión en el funcionamiento y organización del centro educativo. Otros como Echeita (2017) defiende que la educación inclusiva no se debe entender como una única propuesta dirigida a un grupo concreto de estudiantes, como son los que presentan discapacidad o dificultades de aprendizaje, sino que debe ser un objetivo transformador cuya finalidad es renovar los sistemas educativos en su totalidad con garantías a que todo el alumnado tenga acceso a oportunidades educativas equitativas y de calidad.

Por otro lado, cabe nombrar la propuesta de Muntaner (2013) la cual consiste en establecer tres elementos básicos que un centro educativo debe tener en cuenta para alcanzar un modelo educativo inclusivo, siendo estos: (1) contar con un marco teórico sólido y bien definido que oriente el significado y los pasos necesarios para construir una escuela verdaderamente inclusiva; (2) hacer hincapié en el nuevo concepto de discapacidad, dejando atrás una visión centrada en las patologías y limitaciones individuales, centrándose en las barreras y apoyos que el entorno puede ofrecer; e (3) incorporar el concepto de calidad de vida como fundamento esencial para replantear la calidad educativa desde una perspectiva más humana, equitativa y centrada en el bienestar integral del alumnado.

En este contexto, resulta esencial destacar el papel que el equipo directivo y el profesorado de CO ejercen, ya que son ellos quienes, desde su responsabilidad y compromiso, pueden promover una cultura escolar basada en la igualdad de oportunidades, el respeto a las diferencias y la participación de todo el alumnado. Por ello es fundamental analizar cada papel respecto a una educación inclusiva y de calidad, conociendo las limitaciones y las fortalezas para su implementación y logro.

Con respecto al rol que desempeña el equipo directivo, este cumple un papel clave en el ámbito educativo, promoviendo políticas inclusivas que generen una cultura escolar que dote de valor la diversidad e implemente prácticas equitativas y pedagógicas que contribuyan al proceso de creación de comunidades educativas más inclusivas (Arnaiz et al., 2023). Es cierto que un liderazgo centrado en una visión colegiada supone un avance y mejora en el aprendizaje del alumnado, contribuyendo al fomento de los valores inclusivos (Fernández y Hernández, 2013).

Atendiendo a lo expuesto por Arias et al. (2024), se trata de una diferencia significativa entre las acciones que llevan a cabo los equipos directivos en una escuela inclusiva de una que tiende a excluir, acentuando la relevancia de contar con una dirección educativa orientada a favorecer la equidad y la participación en igualdad de oportunidades.

Asimismo, es fundamental conocer la normativa que sustenta y respalda la educación inclusiva, por lo que resulta primordial que tanto el cuerpo docente como el equipo directivo tengan un contacto continuo en su labor con el marco legal vigente, pudiendo lograr una educación más inclusiva y en igualdad de oportunidades (Arias et al., 2024). No obstante, existe una visión en la que no todos los directores y equipos directivos mantienen modelos de liderazgo que promueven prácticas, políticas y culturas inclusivas, cuando en realidad se trata de una dirección orientada a mejorar las condiciones de aprendizaje de todos y cada uno de los alumnos (Fernández y Hernández, 2013). Debe centrarse en una cultura inclusiva dependiente de la cooperación y participación de la comunidad educativa bajo la visión del equipo.

En relación con el rol que ejerce el profesorado de los CO, es cierto que uno de los principales desafíos que enfrentan los centros educativos es la preparación y la disposición del profesorado para afrontar con eficacia la diversidad en el aula, por lo que en ocasiones la práctica de metodologías inclusivas y eficaces puede suponer un proceso complejo al no contar con los recursos y las destrezas necesarias para ofrecer una respuesta educativa de calidad (Jiménez et al., 2018). En uno de los estudios elaborado por Culque et al. (2024) acerca de los docentes y de su percepción sobre la inclusión y el alumnado con NEE, dichos autores comentan que es cierto que la mayoría de los docentes suelen manifestar actitudes positivas hacia el concepto de inclusión, reconociendo su valor en la aceptación del desarrollo integral y las diferencias de todo el alumnado. Pero la realidad es que, en muchos casos, el concepto de inclusión suele percibirse con limitaciones en su puesta en práctica.

A su vez este estudio revela la existencia de un acuerdo respecto a la importancia de mantener el contacto entre alumnos con y sin NEE, ya que ello supone una oportunidad enriquecedora para todos. De esta forma, más del 90% del profesorado rechaza el aislamiento y consideran que la inclusión favorece el aprendizaje social y emocional (Culque et al., 2024). No obstante, estos mismos autores muestran en su estudio que los especialistas en el ámbito de la educación especial están mejor capacitados para atender a estos alumnos que el profesorado ordinario, lo cual señala una carencia clave: la formación.

De esta manera, la formación, así como la insuficiencia de recursos tanto personales como materiales y temporales puede suponer para algunos docentes un sentimiento de inseguridad, desinterés y rechazo hacia el cambio metodológico y actitudinal que exige la inclusión (Jiménez et al., 2018). Además, estos autores señalan que la aplicación del principio general de inclusión sigue siendo un proyecto pendiente en diferentes contextos educativos a pesar de ser apoyado por el profesorado.

En este sentido, es cierto asumir, como afirma Palomino (2007), que "nadie cuestiona que el rendimiento académico y la formación de los alumnos están necesariamente vinculados a la formación inicial y continua del profesorado" (p.3). Una formación de calidad, cuyo protagonista es el alumno y centrada en la atención a la diversidad se convierte en un objetivo motivador para el aumento de la competencia docente y crea entornos de aprendizajes tanto equitativos como accesibles.

2. ESTUDIO EMPÍRICO

2.1. Justificación del problema de estudio y objetivos

La motivación por investigar el rol que los CEE ejercen en el ámbito de la educación surge principalmente por el actual debate que impera, tanto académico como social, sobre la necesidad de reajustar los modelos educativos en lo referente a la atención a la diversidad. De esta manera, a pesar de los avances normativos que se han establecido, sería un error afirmar que la inclusión es un tema que se encuentra totalmente resuelto.

En el contexto educativo aún persisten dificultades en su puesta en práctica, sobre todo cuando se trata de alumnado con NEE. Por ello, resulta relevante plantear la función que ejercen los CEE dentro del sistema educativo, siendo objeto de análisis y reflexión para dar respuesta a la urgente discusión de redefinir su papel y conexión con la educación ordinaria en un sistema educativo que aspira a ser más inclusivo, equitativo e igualitario.

A través de esta investigación se pretende comprender el rol que ejercen estos centros desde las voces del equipo directivo y del profesorado ordinario, como actores educativos y principales promotores involucrados en el proceso de alcanzar una educación que abarque la inclusión plena del alumnado. No se centra en adquirir datos estadísticos o cuantitativos, sino en poner el foco en la experiencia y subjetividad de los y las participantes a través de un análisis cualitativo que permita conocer las barreras y las fortalezas de estos centros, desde una visión más comprensiva y reflexiva.

El desarrollo y los resultados obtenidos de esta investigación pueden ser útiles para la elaboración de nuevas prácticas y el desarrollo de futuras líneas de investigación, ya que permitirán mejorar el sistema educativo y la construcción de políticas educativas más ajustadas a los principios básicos de una educación para todos.

De esta manera se plantean los objetivos de esta investigación. Así, el objetivo general se centra en determinar el rol que los equipos directivos y el profesorado de Centros Ordinarios otorgan a los Centros de Educación Especial. Los objetivos específicos que se derivan de este objetivo son:

1. Conocer el rol que desempeñan los Centros de Educación Especial en el contexto educativo.
2. Determinar las características del alumnado escolarizado en los Centros de Educación Especial.
3. E identificar los beneficios y las desventajas que aportan los Centros de Educación Especial al alumnado con Necesidades Educativas Especiales asociado a discapacidad en opinión de los equipos directivos y el profesorado.

2.2. Metodología

2.2.1. Diseño

Esta investigación se ha desarrollado a partir de un diseño cualitativo, no experimental y descriptivo. La elección de utilizar un diseño cualitativo se debe principalmente a que ofrece una oportunidad de establecer una relación más personal y empática con los actores sociales que participan en este estudio (Salamanca et., 2024). A través de este diseño se alcanza una relación más estrecha, comprendiendo las respuestas de los participantes con un carácter más humano.

2.2.2. Participantes

Los participantes involucrados en la presente investigación conforman un total de nueve personas, todos ellos forman parte de la comunidad educativa de los dos centros ordinarios seleccionados para este estudio en la Comunidad Autónoma de la Región de Murcia. En este grupo de participantes podemos distinguir dos colectivos: dos directores y un jefe de estudios (33,3%); y seis profesores (66,7%).

A la muestra participante se le invitó a participar en la realización de la presente investigación a través de un proceso de selección intencionado. Ello fue posible mediante una visita a ambos centros y el contacto directo con los miembros participantes. Se envió por correo electrónico a cada uno de los centros un folleto informativo sobre dicho proyecto. Todos los participantes cumplimentaron la hoja de consentimiento informado.

2.2.3. Técnica de recogida de la información

La técnica utilizada en esta investigación para la recogida de información ha sido la entrevista semiestructurada. Esta técnica permite obtener datos cualitativos a través de la interacción entre el investigador y los participantes de manera directa (Salamanca et al., 2024).

El proceso de recogida de la información se desarrolló en dos fases.

El primer paso consistió en la realización de un guion de preguntas abiertas enfocado a la obtención de información acorde con la temática objeto de estudio. De esta manera, se plantearon tres preguntas abiertas para facilitar la respuesta de los entrevistados (Ver Anexo 1). Dicho guion fue validado por juicio de expertos siendo estos cuatro miembros del equipo de investigación "Educación inclusiva: una escuela para todos".

En el segundo paso se procedió a la realización de las entrevistas con los y las participantes en un ambiente de respeto y confianza, dando lugar a una conversación fluida que les permitió dar sus opiniones libremente. Todas las entrevistas fueron grabadas con el consentimiento previo de los entrevistados (Ver Anexo 2) y transcritas para su posterior análisis.

2.2.4. Desarrollo de la investigación

Se describen a continuación las fases llevadas a cabo durante el desarrollo de la investigación:

1ª Fase - *Contacto con los miembros participantes:* se realizó una visita a ambos centros educativos lo que permitió establecer un contacto directo con los y las posibles participantes en el estudio y su posterior envío de un folleto informativo de la presente investigación (Ver Anexo 3). Además, se proporcionó el número de teléfono de la investigadora para posibles cuestiones a resolver a través de llamada telefónica.

2ª Fase - *Realización de las entrevistas:* se llevaron a cabo las entrevistas con los equipos directivos y el profesorado de los dos centros educativos en los días previamente acordados.

3ª Fase - *Transcripción de la información recogida:* se procedió a la transcripción literal de la información recogida en los audios para su posterior análisis.

4ª Fase - *Análisis de la información:* para el análisis de los datos recogidos se utilizó el programa de Atlas.ti versión 8 para Windows a través del cual se creó una unidad hermenéutica y se procedió a su codificación mediante categorías y códigos.

5ª Fase - *Interpretación de los datos y redacción del informe final:* los datos fueron organizados en tablas diferenciando entre el número de citas obtenidas y el porcentaje que estas representan respecto al total del código asignado. A partir de esta organización, se seleccionaron las citas textuales más representativas y significativas de cada categoría.

2.2.5. Análisis de la información

Para llevar a cabo el análisis de los datos recogidos a través de las entrevistas, se realizó la transcripción por escrito de esta y se procedió a su análisis. Con este fin se realizó la codificación de la información, siguiendo un procedimiento inductivo, a partir del cual se establecieron las categorías de análisis y los códigos. De esta manera, se pretendía extraer información relacionada con las categorías alcanzadas, siendo estas: *Valoración del centro*; *Características del alumnado; y Beneficios y desventajas del centro*. Para la realización del citado de análisis se utilizó el software de análisis de datos cualitativos ATLAS. ti (The Qualitative Data Analysis y Research Software) versión 8 para Windows.

Seguidamente, se presenta el libro de categorías y códigos establecido a partir del proceso de análisis y clasificación de los datos (Ver Tabla 1):

Categoría 1: Valoración del centro
Código: Valoración positiva
Subcódigos
Val_centro 1: Son necesarios
Val_centro 2: Alternativa AAE
Val_centro 3: Unión CEE y CO
Val_centro 4: Especialización
Val_centro 5: Aportación de los CEE a los CO
Código: Valoración negativa
Subcódigos
Val_centro 1: Escolarización en AO
Val_centro 2: Desaparición CEE
Categoría 2: Características del alumando
Códigos
Carac_alum 1: Afectación grave
Carac_alum 2: Discapacidad específica
Carac_alum 3: Aprendizaje distinto
Carac_alum 4: No puede estar en otra modalidad
Categoría 3: Beneficios y desventajas del centro
Código: Beneficios
Subcódigos
Ben_centro 1: Mejor atendido
Ben_centro 2: CO no están preparados
Ben_centro 3: Vivencial
Ben_centro 4: Estimulación y flexibilidad
Ben_centro 5: Desarrollo integral y aprendizaje
Ben_centro 6: Recursos
Código: Desventajas
Subcódigos
Ben_centro 1: Escolarización en AAE
Ben_centro 2: No favorece la inclusión
Ben_centro 3: No escolarización en CEE
Ben_centro 4: Limitación en socialización
Ben_centro 5: Duelo familiar

Tabla 1

Categorías, códigos y subcódigos de análisis y clasificación de datos

33

3. RESULTADOS

La exposición de resultados se realiza a través de los objetivos específicos planteados.

3.1. Objetivo Específico 1. Conocer el rol que desempeñan los Centros de Educación Especial en el contexto educativo

El primer objetivo específico de la presente investigación se divide en dos grupos de códigos: *Valoración positiva y Valoración negativa.*

El código *"Valoración positiva"* recoge un total de 17 citas distribuidas en cinco subcódigos de análisis (Ver Figura 1). Los resultados obtenidos aluden a que los CEE son necesarios, resaltando su especialización y aportación a los CO, además de ser una alternativa a la escolarización en Aula Abierta Especializada (AAE, en adelante). No obstante, se sugiere la posibilidad de establecer una unión entre los CEE y los CO.

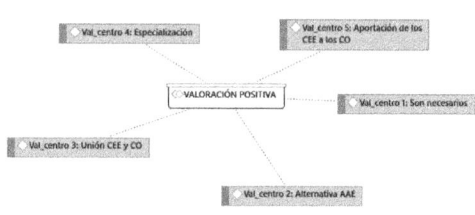

Figura 1
Red de subcódigos del código "Valoración positiva"

Por otro lado, el código *"Valoración negativa"* recoge un total de dos citas distribuidas en dos subcódigos de análisis (Ver Figura 2). Los resultados recogen aportaciones referidas a la posibilidad de escolarizar al alumno en un Aula Ordinaria (en adelante, AO) o la posible desaparición de los CEE.

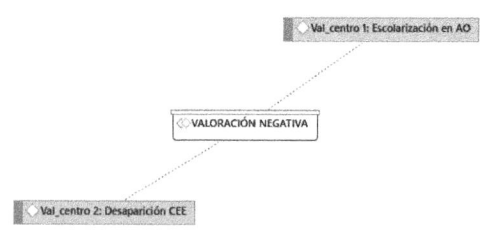

Figura 2
Red de subcódigos del código "Valoración negativa"

En la siguiente tabla (Ver Tabla 2) se exponen los resultados obtenidos de las valoraciones positivas a partir de las aportaciones dadas por el equipo directivo y el profesorado. El subcódigo en el que se ha alcanzado un mayor número de citas es "Val_centro 4: Especialización" con un total de 5 citas textuales (29,51%). Tras él, los subcódigos con más citas son "Val_centro 1: Son necesarios" y "Val_centro 5: Aportación de los CEE a los CO" con un total de 4 citas (23,52%) cada uno. Finalmente, los subcódigos con menos citas textuales son "Val_centro 2: Alternativa AAE" y "Val_centro 3: Unión CEE y CO" con 2 citas (11,76%) cada una.

Subcódigos	Equipo Directivo		Profesorado		TOTAL
	Citas	Porcentaje	Citas	Porcentaje	
Val_centro 1	1	5,88%	3	17,65%	4 = 23,53%
Val_centro 2	0	0%	2	11,76%	2 = 11,76%
Val_centro 3	1	5,88%	1	5,88%	2 = 11,76%
Val_centro 4	1	5,88%	4	23,53%	5 = 29,51%
Val_centro 5	2	11,76%	2	11,76%	4 = 23,52%
TOTAL	5	29,40%	12	70,58%	17 = 100%

Tabla 2
Subcódigos para el análisis del código "Valoración positiva"

A continuación, se exponen los resultados obtenidos de las valoraciones negativas, (Ver Tabla 3), a partir de las aportaciones dadas por el equipo directivo y el profesorado. Los códigos con un mayor número de citas son "Val_centro 1: Escolarización en AO" y "Val_centro 2: Desaparición CEE" con 1 cita textual (50,00%) cada uno.

Subcódigos	Equipo Directivo		Profesorado		
	Citas	Porcentaje	Citas	Porcentaje	TOTAL
Val_centro 1	0	0%	1	50,00%	1 = 50,00%
Val_centro 2	0	0%	1	50,00%	1 = 50,00%
TOTAL	0	0	2	100,00%	2 =100%

Tabla 3
Subcódigos para el análisis del código "Valoración negativa"

Seguidamente, se presentan aquellas citas textuales más destacables de las aportaciones de los participantes en esta categoría.

Respecto a la valoración positiva de los CEE, la mayoría de los y las participantes (N = 5, 29,41%) afirman que los CEE son centros con una gran especialización:

Hay profesionales que están preparados para trabajar con este tipo de alumnado (Equipo Directivo 1 / Centro de Educación Primaria 1).

Son centros más especializados que los ordinarios para darle esa vida a esos niños (Docente 1 / Centro de Educación Primaria 1).

Hacen terapias muy concretas, muy específicas ante situaciones muy concretas (...) Estudiantes con una parálisis, con un sistema por mirada que te tenían que mirar, al igual que todo eso se maneja con el ojo, no sé si a lo mejor con procesos tan específicos puede haber algo de beneficio (Docente 1 / Centro de Educación Primaria 2).

Ellos son los que están día a día trabajando ahí específicamente con alumnos con necesidades educativas especiales (Docente 2 / Centro de Educación Primaria 2).

Se alude también a que los CEE son necesarios (N = 4, 23,53%):

Son necesarios porque a veces se intenta que todo sea integrable en las aulas, pero no se nos ponen los recursos adecuados. Entonces a veces la diversidad no funciona porque no tienes recursos adecuados (Equipo Directivo 2 / Centro de Educación Primaria 1).
Yo soy PT y pienso que son necesarios (Docente 2 / Centro de Educación Primaria 1).

A su vez, con un mismo número de citas, se han recogido aportaciones referidas a que los CEE realizan una gran aportación a los CO (N = 4, 23,53%):

Intentamos sacar los recursos o buscar apoyos, que nos orienten cuando estamos perdidos o una formación a nivel particular o a nivel de centro (Equipo Directivo 1 / Centro de Educación Primaria 1).

Le pides y yo la experiencia que tengo cuando nos ha hecho falta que nos asesoren ha sido buena (Equipo Directivo 1 / Centro de Educación Primaria 1).

Desde mi punto de vista, como los Centros Específicos son centros de recursos, los Centros Ordinarios alguna vez hemos llamado a una asesora, una experta con críos con dificultades, te asesoran, metodologías nuevas, ver un poco cómo están los críos. Por ese lado sí hacen una buena función, por lo menos a nosotros nos han ayudado (Docente2 / Centro de Educación Primaria 2).

En menor grado (N = 2, 11, 76%), algunas aportaciones hacen referencia a que los CEE son una alternativa al Aula Abierta Especializada:

El Centro Específico es una alternativa al Aula Abierta (Docente 2 / Centro de Educación Primaria 2).
Todas las medidas específicas que se han tomado en el Aula Abierta no han funcionado (Docente 2 / Centro de Educación Primaria 2).

Por último, con un mismo número de aportaciones (N = 2, 11,76%), algunos participantes piensan que debería realizarse una unión de los CEE y los CO:

Yo considero que deben de convivir los dos, Centros de Educación Especial y Centro Ordinario (Equipo Directivo 2 / Centro de Educación Primaria 1).
La tendencia es que los Centros Específicos se incluyan dentro de los Centros Ordinarios y que se haga todo en el mismo centro (Docente 2 / Centro de Educación Primaria 2).

En cuanto a las valoraciones no tan positivas por parte de los docentes, uno de los participantes considera que hay alumnos que pueden ser escolarizados en un Aula Ordinaria (N = 1, 50%):

Hay críos que pueden acceder al Aula Ordinaria, depende del grado de deficiencia o discapacidad podemos atenderlos (Docente 3 / Centro de Educación Primaria 2).

No obstante, con un mismo número de citas (N = 1, 50%), uno de los docentes considera que los CEE deben desaparecer:

Lo bueno sería que los Centros de Educación Especial desaparecieran y que todos los críos se incluyeran dentro de las Aulas Abiertas públicas (Docente 2 / Centro de Educación Primaria 2).

3.2. Objetivo Específico 2. Determinar las características del alumnado escolarizado en los Centro de Educación Especial

En relación con el segundo objetivo específico de esta investigación se han recogido un total de ocho citas, las cuales se han clasificado en cuatro códigos de análisis (Ver Figura 3). Los códigos aluden a características tales como una afectación más grave, una discapacidad específica o un aprendizaje distinto, lo cual conlleva a considerar la imposibilidad de ser atendidos en otra modalidad.

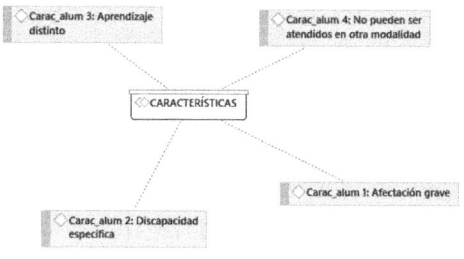

Figura 3
Red de códigos de la Categoría 2 "Características del alumnado"

En la siguiente tabla (Ver Tabla 4) se exponen los resultados obtenidos a partir de las aportaciones dadas por el profesorado y el equipo directivo. De esta manera, el código en el que se han extraído más citas es "Carac_alum 1: Afectación grave" con un total de 3 citas (37,50%). De los códigos "Carac_alum 2: Discapacidad específica" y "Carac_alum 4: No puede estar en otra modalidad" se han recogido 2 citas textuales (25,00%) cada uno. Finalmente, el código con menos citas es "Carac_alum 3: Aprendizaje distinto" con una cita textual (12,50%).

	Equipo Directivo		Equipo Directivo		
Códigos	Citas	Porcentaje	Citas	Porcentaje	TOTAL
Carac_alum 1	1	12,50%	2	25,00%	3 = 37,50%
Carac_alum 2	0	0%	2	25,00%	2 = 25,00%
Carac_alum 3	0	0%	1	12,50%	1 = 12,50%
Carac_alum 4	2	25%	0	0%	2 = 25,00%
TOTAL	3	37,50%	5	62,50%	8= 100%

Tabla 4
Códigos para el análisis de la Categoría 2
"Características del alumnado"

A continuación, se presentan aquellas citas textuales más destacables de las aportaciones de los participantes en esta categoría.

La mayoría de las citas textuales muestra que el alumnado escolarizado en un CEE presenta una afectación grave (N = 3, 37,50%):

Va a depender del grado de afectación que tenga el alumno (Equipo Directivo 1 / Centro de Educación Primaria 1).
Tiene una afectación más grave, más profunda, ya no sólo a nivel de discapacidad sino, por ejemplo,

motórico, que necesita recursos a nivel motor (Docente 2 / Centro de Educación Primaria 1).
Tienen características concretas y con necesidades severas (Docente 1 / Centro de Educación Primaria 2).

Por otro lado, las aportaciones también aluden a que se trata de alumnado con una discapacidad específica (N = 2, 25,00%):

Debe tener una discapacidad específica (Docente 2 / Centro de Educación Primaria 1).

Hay un mismo número de citas (N = 2, 25,00%) referido a que son alumnos que no pueden ser atendidos en otra modalidad aportadas por el equipo directivo. Al respecto, se expone:

Todo aquel que en un Aula Ordinaria no puede desarrollar sus capacidades porque no se le puede atender ni aun estando continuamente una maestra a su lado (Equipo Directivo 1 / Centro de Educación Primaria 1).
Cuando se deriva a un crío a un Centro de Educación Especial es porque no puede estar en un Aula Abierta (Equipo Directivo 1 / Centro de Educación Primaria 2).

Y, por último, hay una cita vinculada con la aportación de alumnado con un aprendizaje distinto (N = 1, 12,50):

Un aprendizaje con una atención muy individualiza-da (Docente 5 / Centro de Educación Primaria 2).

3.3. Objetivo Específico 3. Identificar los beneficios y las desventajas que aportan los Centros de Educación Especial al alumnado con Necesidades Educativas Especiales asociado a discapacidad en opinión de los equipos directivos y el profesorado

Respecto tercer objetivo específico de esta investigación, este se divide en dos códigos de análisis:

Primeramente, el código de *"Beneficios"* recoge un total de 34 citas distribuidas en seis subcódigos (Ver Figura 4). Los resultados obtenidos se orientan a beneficios como los recursos de los que disponen, la atención que recibe el alumno, una mayor estimulación y flexibilidad o un desarrollo integral y un aprendizaje vivencial. Ello lleva a que los y las participantes consideren que los CO no están cualificados ni preparados para atender al alumnado de los CEE.

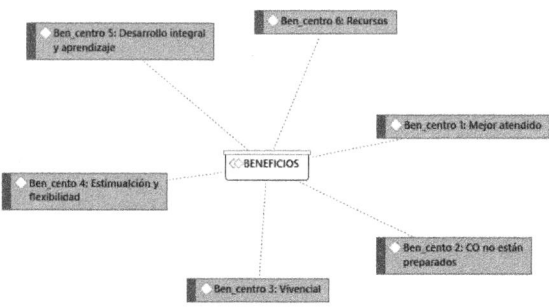

Figura 4
Red de subcódigos del código "Beneficios"

El código de *"Desventajas"* recoge un total de 16 citas distribuidas en cinco subcódigos (Ver Figura 5). Las desventajas aportadas están relacionadas con la limitación en la socialización lo cual supone un ambiente que no favorece la inclusión, el duelo que afrontan las familias y la negativa de escolarización en un CEE. Además, los y las participantes sugieren la posibilidad de escolarizar en AAE.

Figura 5
Red de subcódigos del código "Desventajas"

En la siguiente tabla (Ver Tabla 5) se exponen los resultados obtenidos de los beneficios de los CEE a partir de las aportaciones dadas por equipo directivo y el profesorado. De esta manera, el subcódigo con más citas es "Ben_centro 2: CO no están preparados", con un total de 19 citas textuales (55,88%). El siguiente subcódigo con más citas es "Ben_centro 6: Recursos" con un total de 6 citas (17,27%), tras él, con 5 citas (14,32%), el subcódigo "Ben_centro 1: Mejor atendido". Finalmente, los subcódigos con menos citas son "Ben_centro 3: Vivencial" con 2 citas textuales (5,88%) y los subcódigos "Ben_centro 4: Estimulación y flexibilidad" y "Ben_centro 5: Desarrollo integral y aprendizaje".

Subcódigos	Equipo Directivo		Profesorado		
	Citas	Porcentaje	Citas	Porcentaje	TOTAL
Ben_centro 1	1	2,56%	4	11,76%	5 = 14,32%
Ben_centro 2	11	32,35%	8	23,53%	19 = 55,88%
Ben_centro 3	2	5,88%	0	0%	2 = 5,88%
Ben_centro 4	0	0%	1	2,56%	1 = 2,56%
Ben_centro 5	0	0%	1	2,56%	1 = 2,56%
Ben_centro 6	1	2,56%	5	14,71%	6 = 17,27%
TOTAL	15	43,35%	19	55,12%	34 = 100%

Tabla 5
Subcódigos para el análisis del código "Beneficios"

En la siguiente tabla (Ver Tabla 6) se exponen los resultados obtenidos de las desventajas a partir de las aportaciones dadas por el equipo directivo y el profesorado. El subcódigo con más aportaciones es "Desven_centro 4: Limitación en socialización" con siete citas textuales (43,75%), el siguiente subcódigo con más citas es "Desven_centro 1: Escolarización en AAE" con seis citas (37,50%). Finalmente, los subcódigos con menos citas son "Desven_centro 2: No favorece la inclusión", "Desven_centro 3: No escolarización en CEE" y "Desven_centro 5: Duelo familiar" con una cita textuales (6,25%) cada uno.

Subcódigos	Equipo Directivo		Profesorado		
	Citas	Porcentaje	Citas	Porcentaje	TOTAL
Desven_centro 1	4	25,00%	2	12,50%	6 = 37,50%
Desven_centro 2	0	0%	1	6,25%	1 = 6,25%
Desven_centro 3	0	0%	1	6,25%	1 = 6,25%
Desven_centro 4	5	31,25%	2	12,50%	7 = 43,75%
Desven_centro 5	1	6,25%	0	0%	1 = 6,25%
TOTAL	10	62,50%	6	37,50%	16 = 100%

Tabla 6
Subcódigos para el análisis del código "Desventajas"

A continuación, se presentan aquellas citas textuales más destacables de las aportaciones de los participantes en esta categoría.

Con relación a los beneficios que aporta el CEE, la mayoría de las citas recogidas van dirigidas a que los CO no están preparados para atender al tipo de alumnado escolarizado en los CEE (N = 19, 55,88%):

Al haber tanta diversidad el nivel curricular es más bajo porque no puedes llegar a atenderlo (Equipo Directivo 1 / Centro de Educación Primaria 1).
Si vemos que no podemos atender a este crío no me lo dejes por imposición porque ni tengo recursos, ni es el sitio apropiado para este crío; quiero tener a alumnos que estén lo mejor posible (Equipo Directivo 1 / Centro de Educación Primaria 1).

La adquisición de los aprendizajes que necesita cada uno dicta mucho; por ello es muy difícil, cuanto tienes mucha diversidad en el grupo, individualizar el aprendizaje, porque al final no puedes atender a todo el alumnado ni dar lo que necesita (Equipo Directivo 2 / Centro de Educación Primaria 1).

No podemos porque no tenemos otros recursos y entonces, para mí, es como que todavía nos queda mucho trabajo por hacer (Docente 1 / Centro de Educación Primaria 1).

De igual forma, los CEE presentan beneficios en lo referido a recursos (N = 6, 17,27%):

Hay una gran cantidad de profesionales en un Centro de Educación Especial, la cantidad de auxiliares educativos, la cantidad de fisios, y no sólo personales sino materiales también (Docente 2 / Centro de Educación Primaria 1).

Tienen distintos tipos de aulas como un aula como para alumnos con mayor afectación. Hay que considerar que tienen más habilidad y posibilidad de estimulación multisensorial (Docente 1 / Centro de Educación Primaria 2).

Los y las participantes consideran que esta medida de escolarización permite una mejor atención del alumnado (N = 5, 14,32%):

Llevan su proceso todo el tiempo y se sienten parte de él (Equipo Directivo 2 / Centro de Educación Primaria 1).
Pienso que si está ahí realmente está mejor atendido, porque si está es porque necesita eso (Docente 2 / Centro de Educación Primaria 1).

Aparecen alusiones por parte del Equipo Directivo a que los CEE ofrecen un aprendizaje vivencial (N = 2, 5,88%):

El aprendizaje es más vivencial, es un aprendizaje basado en que el crío aprenda algo que le sirva para su vida (Equipo Directivo 2 / Centro de Educación Primaria 1).

Hay una cita vinculada a la aportación de que favorece a una mayor estimulación y sensibilización (N = 1, 2,56%):

Yo he estado en un Centro de Educación Especial y he estado a gusto, he visto que son bonitos, que se trabaja muy bien, que tienen mucha estimulación, que tienen otra flexibilidad que en un Centro Ordinario no existe, se van a aulas de estimulación sensorial (Docente 2 / Centro de Educación Primaria 1).

Otra cita (N = 1, 2,56%) alude a que los CEE permiten un desarrollo integral y a su aprendizaje:

Considero que son importantes los Centros de Educación Especial porque si no esos niños al final no les estarían ayudando a su desarrollo de aprendizaje, al contrario, les estarían forzando a estar en un centro que se trabaja (Docente 1 / Centro de Educación Primaria 1).

Con respecto a las desventajas de los CEE, una de las aportaciones con un mayor número de citas recogidas es la referida a que limitan la socialización del alumnado (N = 7, 43, 75%):

Evidentemente es bueno que estén con sus compañeros, que no estén aislados (Equipo Directivo 1 / Centro de Educación Primaria 1).
Yo creo que un crío debería aprovecharse del nivel social, de la socialización que hay en las clases. Por muy afectado, aparte de tener una discapacidad grave, leve o media, si no se aprovecha de la sociedad que le rodea yo creo que ahí es cuando no está bien (Docente 2 / Centro de Educación Primaria 2).

Por otro lado, se considera que el alumnado debería escolarizarse en Aulas Abiertas Especializadas (N = 6, 37,50%9):

Yo apuesto por Centros Ordinarios con Aulas Abiertas, no es un centro especial, es un híbrido, algo intermedio. Se les da, conviven en la sociedad en todo lo que se puede, pero su aprendizaje es más productivo

(Equipo Directivo 2 / Centro de Educación Primaria 1).

Yo creo que está demostrado que las Aulas Abiertas en Centros Ordinarios para alumnos que sí pueden estar en ciertas áreas con su grupo de referencia funcionan (Equipo directivo 1 / Centro de Educación Primaria 1).

Un Aula Abierta es una posibilidad estupenda para que estos niños estén ahora en su grupo ordinario, compartiendo tiempo, momentos, vivencias, aportándonos, enriqueciéndose todos para que los demás sepan aceptar las diferencias, estos niños se merecen eso (Docente 1 / Centro de Educación Primaria 1).

Una de las citas (N = 1, 6,25%) hace referencia a que no favorecen la inclusión del alumnado:

No favorecen la inclusión, pero sí cubren una etapa hasta que los críos pueden pedir un centro de día (Docente 2 / Centro de Educación Primaria 2).

Hay un mismo número de citas (N = 1, 6,25%) que se relaciona con que no debería realizarse una escolarización en un CEE:

Una criatura de seis años en un Centro de Educación Especial es una salvajada (Docente 1 / Centro de Educación Primaria 2).

Finalmente, en la misma línea de citas, uno de los y las participantes considera que se trata de un tema que conlleva a un duelo familiar (N = 1, 6,25%):

> *Las familias no aceptan cuando se les plantea una situación de un hijo con necesidades educativas especiales derivarlo, es muy difícil de aceptar* (Equipo Directivo 1 / Centro de Educación Primaria 2).

4. DISCUSIÓN Y CONCLUSIONES

A continuación, se aborda la discusión de los resultados obtenidos respecto a cada objetivo específico planteado y tras ello se expondrán las conclusiones establecidas.

En relación con el primer objetivo específico, los CEE y su rol en el contexto educativo, se han recogido distintas aportaciones clasificándolas en valoraciones positivas y negativas. De esta manera, partiendo de las valoraciones positivas, la mayor aportación que tienen los CEE es la especialización de los recursos y, sobre todo, el profesorado y su formación (Pernía y Rueda, 2016). Además, se plantea la aplicación de metodologías especializadas y la intervención de un profesorado con una formación específica (Arnaiz, 2019), los cuales presentan una alta cualificación (UNESCO, 2020).

Otra valoración positiva sobre los CEE se centra en la aportación de estos centros a los CO, ya que deben entenderse como un recurso que enriquece la inclusión al proporcionar recursos y apoyos específicos que muchas veces no pueden ser ofrecidos en un CO (Sánchez, 2016). En este sentido, los CEE adquieren un rol al actuar como centros de recursos y apoyo especializado, ofreciendo formación, conocimientos y materiales a los centros educativos de su zona, como aparece expuesto en el Decreto 359/2009. De esta manera, los y las participantes plantean la unión de ambos centros educativos.

También es considerada la visión de los CEE como una alternativa a las AAE que, atendiendo al Real Decreto 359/2009, este proceso de escolarización se lleva a cabo cuando no es posible satisfacer las necesidades del alumnado escolarizado en esta modalidad ni en el contexto de otras medidas de atención a la diversidad en los CO.

En relación con las aportaciones no tan positivas sobre los CEE, se pueden destacar valoraciones negativas en menor medida. Estas aportaciones hacen referencia a la escolarización en un AO y la desaparición de los CEE. Una de las aportaciones, referida a la escolarización en el AO, hace referencia a que el alumnado de los CEE puede ser escolarizado en esta modalidad cuya deficiencia o discapacidad, según el Decreto anteriormente mencionado, determinará las posibilidades de atenderlo, siempre y cuando se ofrezcan los apoyos necesarios, lo que implica cambios en las aulas ordinarias (Culque et al., 2024). Apoyando esta aportación, otra de las valoraciones de los docentes sugiere la desaparición de los CEE y la inclusión del alumnado en las AAE, ya que se pretende perseguir una educación inclusiva cuyo objetivo sea garantizar la presencia y la participación de todo el alumnado (Booth & Ainscow, 2011). Desde esta perspectiva, es necesario que los centros educativos asuman la responsabilidad de atender a las necesidades del alumnado de la manera más adecuada implicando el vínculo entre la práctica y los valores éticos.

Con relación al segundo objetivo específico, características del alumnado escolarizado en un CEE, las aportaciones de los y las participantes engloban características distintas que determinan la escolarización de este alumnado. Partiendo de ello, una de las aportaciones más valorada hace referencia a que se trata de alumnos que no pueden ser atendidos en otra modalidad al no poder dar una respuesta educativa a sus necesidades lo que conlleva a una escolarización en un CEE, como se indica en el Decreto 359/2009.

Otra aportación de las características del alumnado alude a que presentan una afectación mucho más grave que puede determinarse desde una deficiencia psíquica o física hasta un grado más severo (Sánchez, 2016). De esta manera, los recursos materiales y personales, así como la respuesta que deba darse, dependerán del grado de afectación del alumnado.

En este sentido, las características del alumnado en CEE van asociadas a la discapacidad que presente siendo considerada como una discapacidad específica por parte de los y las participantes de esta investigación. Así, atendiendo al Decreto y a la Orden del 3 de mayo de 2011, los CEE van dirigidos para aquellos estudiantes que presenten una discapacidad grave y permanente que requiera de apoyos específicos y contribuya a alcanzar metas educativas comunes.

Finalmente, atendiendo al tercer objetivo específico de esta investigación, los beneficios y desventajas que presentan los CEE, las aportaciones dadas por los miembros del equipo directivo y el profesorado han sido clasificadas en dos códigos: beneficios y desventajas. En este contexto, atendiendo a los beneficios de los CEE, una de las aportaciones más valorada hace referencia a que los CO no están preparados para escolarizar al alumnado con NEE en las AO al no disponer de los recursos y apoyos necesarios. La falta de preparación adecuada del profesorado conlleva a la segregación en los CEE y a dejar la enseñanza del alumnado con NEE en manos de los especialistas (Palomino, 2007). Así, resulta conveniente avanzar desde el sistema educativo dual actual hacia un modelo único que persiga el ideal de una educación plenamente inclusiva (Alcaraz et al., 2024).

En esta línea, los CEE favorecen la dotación de recursos a los CO al disponer de un mayor número de recursos en materiales, profesorado e incluso en infraestructuras especiales y adaptadas para el alumnado (Marchesi, 2017). En relación con ello, los y las participantes de la investigación consideran que estos centros ofrecen una mayor atención al alumnado que hay en él ya que disponen de equipo de profesionales especialistas en atender a las necesidades que puedan presentar, llevándola a cabo a través de la individualización y la especialización. Además, las aportaciones aluden a la oferta de una enseñanza vivencial, sensible y estimulante que favorece el desarrollo y el aprendizaje.

No obstante, resulta conveniente hacer alusión a las aportaciones referidas a las desventajas que los CEE presentan en el contexto educativo. Una de las aportaciones dadas es el duelo familiar que conlleva escolarizar al alumnado en un CEE ya que, según los y las participantes, es un proceso difícil de aceptar que crea miedos a los padres que se intensifican al enfrentarse a desafíos para atender a sus hijos en aspectos como la comunicación o la autonomía (Palomino y Ruíz, 2013).

Por último, como desventajas de los CEE destaca la limitación en la socialización del alumnado al tratarse de una modalidad que tiende a segregar al alumnado con NEE del resto de compañeros de las aulas ordinarias, cuando el fin es convertir los obstáculos que enfrentan este alumnado en elementos que favorezcan hacia una inclusión educativa más efectiva y equitativa para todos (Arias et al., 2024). Esta percepción lleva a que, en algunas ocasiones, se reconozca a los CEE como espacios que no favorecen la inclusión. Sin embargo, debe implantarse un enfoque que reconozca a los CEE como centros de recursos para apoyar a otros entornos educativos, siendo este un compromiso hacia un modelo más inclusivo (Añón y Vaello, 2021) ya que "los CEE no pueden ser obstáculos al desarrollo de un sistema más inclusivo, sino parte de la solución" (Pernía y Rueda, 2016, p.9). Finalmente, los y las participantes de esta investigación también indican, en menor medida, la posibilidad de la escolarización del alumnado en los CEE en las AAE y la negativa de escolarizar en un CEE.

Partiendo de los objetivos específicos planteados, y en consonancia con los resultados y su discusión, a continuación, se exponen *las conclusiones* de esta investigación.

Atendiendo al primer objetivo específico, se ha podido conocer los aspectos tanto positivos como negativos que los y las participantes consideran de esta modalidad. Así, la principal aportación positiva de los CEE hace referencia a su especialización, siendo centros que disponen de un amplio abanico de recursos y especialistas ofertando formación y apoyo a los CO cuando es solicitado. No obstante, también constan limitaciones ya que en ocasiones existe alumnado en CEE que podrían recibir una respuesta educativa en el AO y aprovecharse de la socialización al convivir con el resto de los compañeros.

Con relación al segundo objetivo específico, cabe destacar la aportación relacionada con una afectación grave al considerar esta como una de las principales características que debe presentar el alumnado la cual puede derivar de una discapacidad específica. Por tanto, esta discapacidad conlleva mayores retos en el aprendizaje y requiere de una enseñanza diferente considerando que pueden ser únicamente en los CEE. Ante ello, resulta conveniente destacar que a través de los apoyos y recursos necesarios el CO dispone de la capacitación de responder a las necesidades del alumnado además de promover el desarrollo de habilidades sociales y dotar de valores beneficiosos para todo el alumnado.

Acerca del tercer objetivo específico, entre los beneficios que aportan los CEE destaca como principal aportación el rol que ejercen estos centros al afirmar que los CO no están preparados para atender este alumnado ya que no disponen ni de los materiales ni de la formación y especialización necesaria. De esta manera, los y las participantes destacan beneficios en los recursos de los que disponen, ofreciendo un aprendizaje más vivencial y flexible que da lugar al desarrollo integral del alumnado además de una mayor atención. A pesar de ello, esta modalidad de escolarización presenta desventajas entre las cuales resaltan la limitación de socialización del alumnado al apartarlo del resto de compañeros e impedirle beneficiarse de las ventajas que ofrece convivir en un mismo contexto educativo con aprendizajes distintos. En este sentido, los CEE no favorecen la inclusión del alumnado al no garantizar su participación dentro de las AO. No obstante, los y las participantes consideran la posibilidad de escolarización en AAE dentro de CO, esto permite que el alumno asista a su aula de referencia en determinadas asignaturas además de participar en los proyectos y actividades que el centro brinda desarrollando una socialización mayor y siendo un intermedio entre los CEE y los CO.

De cara al futuro, los CEE están llamados a evolucionar hacia un modelo educativo más inclusivo y flexible, transformándose en centros de recursos especializados capaces de ofrecer los apoyos y recursos necesarios para atender al alumnado con NEE en los CO. Esta perspectiva requiere de la formación de redes de colaboración entre ambas modalidades con el objetivo de poder dar a todo el alumnado, independientemente de sus características físicas, sociales o culturales, una respuesta educativa adecuada y de calidad en un contexto más inclusivo, social y participativo. Para que esta transformación sea posible, resulta fundamental contar con el compromiso e implicación del equipo directivo y el profesorado, ya que a través de su liderazgo se pueden promover una cultura escolar cuyo objetivo sea la inclusión en la continua formación del profesorado y la colaboración de toda la comunidad educativa.

Se es consciente de *las limitaciones* de esta investigación como es el bajo número de participantes. De igual forma, al realizarse en dos centros educativos existía un mayor número de miembros del profesorado que del equipo directivo, por lo que su aportación se ve en menor medida. No obstante, en el futuro sería interesante llevar a cabo esta investigación en un ámbito más amplio, como es el análisis de las diferencias y las semejanzas de ambos centros educativos y seguir profundizando en los objetivos planteados.

5. REFERENCIAS BIBLIOGRÁFICAS

Alcaraz, S., Caballero, C. M. y Lorente-Avilés, S. (2024). El rol de los centros de recursos de Educación Especial para una educación inclusiva (pp. 395–399). En B. Sáenz Rico de Santiago y M. Sánchez Sainz (Dirs.), *3er Congreso Internacional Educación Crítica e Inclusiva: Hacia una práctica inclusiva y comprometida socialmente. Libro de Actas* Grupo de Investigación ECOLE.

Añón, A. F. y Vaello, R. M. (2021). Hacia la educación inclusiva: los Centros de Educación Especial como centros de recursos. *Revista de Recursos para la Inclusión Educativa,1*(1), 128-141.

Arias García, M. F., Arnaiz Sánchez, P. y Haro Rodríguez, R. de. (2024). Análisis del liderazgo ejercido por los equipos directivos para fomentar una comunidad educativa inclusiva. *IJNE: International Journal of New Education, 13*, 5-25. https://dialnet.unirioja.es/servlet/articulo?codigo=9919589

Arnaiz Sánchez, P., Farías Joaquín, B. y Alcaraz García, S. (2023). Implementación de la educación inclusiva en el centro educativo Padre Lamarche de la República Dominicana: Un estudio de caso. *IJNE: International*

Journal of New Education, 11, 137-157. https://dialnet.unirioja.es/servlet/articulo?codigo=9142345

Arnaiz, P. (2019) La *educación inclusiva en el siglo XXI. Avances y desafíos.* Digitum: Repositorio Institucional de la Universidad de Murcia. http://hdl.handle.net/10201/67359

Booth, T. & Ainscow, M. (2011). *Indexforinclusion: Developinglearning and participation in schools*(3. ed., substantiallyrevised and expanded). Centre forStudieson Inclusive Education.

Culque Núñez, C. A., Gonzabay Medina, N. y Rentería Cárdenas, A. G. (2024). Percepción de los docentes sobre la educación inclusiva y el alumnado con necesidades de educación especial (NEE). *Revista Electrónica Interuniversitaria de Formación del Profesorado, 27*(2), 81-96. https://doi.org/10.6018/reifop.606231

Decreto nº 359/2009, de 30 de octubre, por el que se establece y se regula la respuesta a la diversidad del alumnado en la Comunidad Autónoma de la Región de Murcia. BORM (Boletín Oficial de la Región de Murcia), 254 (30 de noviembre de 2009), 57608- 57647.

Echeita, G. (2017). Educación inclusiva. Sonrisas y lágrimas. *Aula abierta, 46*(2), 17-24.

Fernández Batanero, J. M. y Hernández Fernández, A. (2013). El Liderazgo como criterio de calidad en la educación inclusiva. *Estudios Sobre Educación, 24,* 83-102. https://doi.org/10.15581/004.24.2025

Instrumento de Ratificación de la Convención sobre los derechos de las personas con discapacidad, hecho en Nueva

York el 13 de diciembre de 2006, Pub. L. No. Acuerdo Internacional, BOE-A-2008-6963 20648 (2008). https://www.boe.es/eli/es/ai/2006/12/13/(1)

Jiménez Ruíz, M., Rodríguez Navarro, H., Sánchez Fuentes, S. y Rodríguez Medina, J. (2018). Construcción del discurso en torno a la Educación Inclusiva. *Revista Electrónica Interuniversitaria de Formación del Profesorado, 21*(1), 185–217. https://doi.org/10.6018/reifop.21.1.305771

Ley Orgánica 3/2020, de 29 de diciembre, por la que se modifica la Ley Orgánica 2/2006, de 3 de mayo, de Educación, Pub. L. No. Ley Orgánica 3/2020, BOE-A-2020-17264 122868 (2020). https://www.boe.es/eli/es/lo/2020/12/29/3

Marchesi, A. (2017). De la educación especial a la inclusión educativa (pp. 25-50). En J. Palacios, A. Marchesi y C. Coll (Eds.), *Desarrollo psicológico y educación*. Alianza Editorial.

Martín Amaro, N. (2015). *La participación familiar en un centro de educación especial* [Trabajo de Fin de Grado, Universidad de Zaragoza]. Repositorio Zaguán. https://zaguan.unizar.es/record/47772

Muntaner Guasp, J. J. (2013). Calidad de vida en la escuela inclusiva. *Revista Iberoamericana de Educación, 63*(1) 35-49.

Organización de las Naciones Unidas para la Educación, la Ciencia y la Cultura (2020). *Informe de seguimiento de la educación en el mundo 2020: Inclusión y educación*, UNESCO. https://doi.org/10.54676/WWUU8391

Pacto Mundial Red Española. (s.f.). ¿Qué puedes hacer tú? Objetivos de Desarrollo Sostenible (ODS).https://www.pactomundial.org/que-puedes-hacer-tu/ods/

Palomino, A. S. (2007). Investigación sobre la formación inicial del profesorado de educación secundaria para la atención educativa a los estudiantes con necesidades especiales. *Revista interuniversitaria de formación del profesorado: continuación de la antigua Revista de Escuelas Normales*, *59-60*, 149-182.

Palomino, M. del C. y Ruíz, M. J. (2013). Participación de las familias en centros de Educación Especial. *Campo abierto: Revista de educación*, *32*(2), 11–26.

Pernía, S. y Rueda, P. (2016). Los centros de educación especial como centros de recursos en el marco de una escuela inclusiva. Reseña para un debate. *Profesorado, Revista de Currículum y Formación del Profesorado*, *20*(1), 323-339.

Ramírez Sánchez, A. (2016). *Participación y formación familiar en un centro de Educación Especial* [Trabajo de Fin de Grado, Universidad de La Laguna]. Repositorio institucional RiuLL. http://riull.ull.es/xmlui/handle/915/3271

Salamanca, H. A. B., Cárdenas, P. A. R., Pérez, T. V., Diaz, N. F. G., Ortega, J. A. G. y Gámez, M. I. V. (2024). La entrevista semiestructurada: una herramienta pertinente en la percepción de valores sociales para la vida. *Revista Lasallista de Investigación*, *21*(1), 92-107. https://doi.org/10.22507/rli.v21n1a5

Sánchez, V. (2016). Organización y funcionamiento de los centros de Educación Especial. *Publicaciones Didácticas,*

73, 164-165. *http://publicacionesdidacticas.com/hemero-teca/articulo/073044/articulo-pdf*
Sede Electrónica del Boletín Oficial de la Región de Murcia. (s. f.). Recuperado 15 de mayo de 2025, de https://www.borm.es/#/home/anuncio/12-05-2011/7472

6. ANEXOS

Anexo 1
"Consentimiento informado"

UNIVERSIDAD DE MURCIA

VICERRECTORADO DE INVESTIGACIÓN

DECLARACIÓN DE CONSENTIMIENTO INFORMADO PARA MAYORES DE EDAD

D./Dña._____, de _____ años de edad **manifiesto que:**

☐ He sido informado sobre los beneficios que podría suponer mi participación para cubrir los objetivos del trabajo de fin de grado "Percepción de los equipo directivos y el profesorado de Centro Ordinario sobre los Centros de Educación Especial", y cualquier investigación derivada del mismo, dirigido por Inés Meroño Herranz de la Facultad de Educación de la Universidad de Murcia (contactable en el teléfono 629 513 222 y correo ines.meronoh@um.es)

☐ Me han informado que la finalidad general del trabajo de fin de grado es determinar el rol que los equipos directivos y el profesorado de Centros Ordinarios otorgan a los Centros de Educación Especial.

☐ He sido informado de que se trata de un trabajo de fin de grado que cuenta con el visto bueno del Comité de Ética de Investigación de la Universidad de Murcia y que no está financiado.

☐ Una vez que he leído la **hoja de información al participante** que me ha sido entregada, afirmo haber comprendido los posibles efectos indeseables que podría comportar –en mi bienestar– la participación en este proyecto.

☐ He sido informado de que mis datos serán sometidos a tratamiento en virtud de mi consentimiento con fines de investigación científica y desde la Universidad de Murcia. El plazo de conservación de los datos será de 5 meses (mínimo indispensable para asegurar la realización del estudio o proyecto). No obstante, y con objeto de garantizar condiciones óptimas de privacidad, mis datos identificativos serán sometidos a anonimización total o parcial cuando el procedimiento del estudio así lo permita. En todo caso, la información identificativa que se pudiese recabar será eliminada cuando no sea necesaria.

☐ También he sido informado de que para cualquier consulta relativa al tratamiento de mis datos personales en este estudio o para solicitar el acceso, rectificación, supresión, limitación u oposición al tratamiento, podré dirigirme a la dirección protecciondedatos@um.es.

☐ He sido informado de mi derecho a presentar una reclamación ante la Agencia Española de Protección de Datos.

☐ He sido informado de que puedo revocar mi consentimiento y abandonar en cualquier momento la participación en el estudio sin dar explicaciones y sin que ello suponga perjuicio alguno (en tal caso, todos los datos cedidos podrían ser borrados si así lo expreso).

☐ Me ha sido entregada una hoja de información al participante, así como una copia de la declaración de consentimiento informado (que también he firmado).

☐ Me han explicado las características y el objetivo del estudio, sus riesgos y beneficios potenciales.

Y en virtud de todas las manifestaciones anteriores, confirmo que **otorgo mi consentimiento** a que esta recogida de datos tenga lugar y sea utilizada para cubrir los objetivos especificados en este trabajo de fin de grado.

En _____, a _____ de _____ de _____

Fdo. D./Dña. _____
(Participante)

Fdo. D./Dña. _____
(Firma del investigador/estudiante responsable que deberá firmar la hoja de consentimiento informado)

Comisión de Ética de Investigación
Vicerrectorado de Investigación
Edificio ESIUM, 3ª planta
Campus de Espinardo
30071 — Murcia
ESPAÑA

comision.etica.investigacion@um.es
Tlf: 868 88 3614/9898/9899
www.um.es/web/vic-investigacion/

hr
HR EXCELLENCE IN RESEARCH

Anexo 2
"Guion de preguntas"

1. ¿Cómo valoras la presencia y el funcionamiento de los Centros de Educación Especial?
- ¿Son necesarios?
- ¿Hay demasiados?

2. ¿Qué características debe tener un alumno escolarizado en un Centro de Educación Especial?
- ¿Los EOEP priman la escolarización del alumnado en estos centros?

3. ¿Qué beneficios crees que aportan estos Centros de Educación Especial?
- ¿Esos beneficios se pueden conseguir en otras modalidades (Centro Ordinario o Aula Abierta Especializada)?
- ¿Favorecen la inclusión?
- ¿Desventajas?

4. ¿Qué mejorarías del funcionamiento de los Centros de Educación Especial?

Anexo 3
"Folleto informativo"

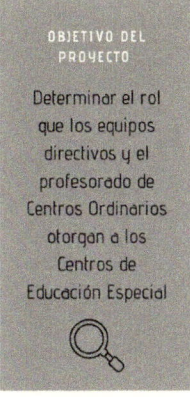

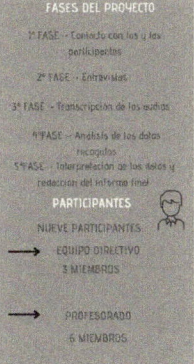

Published
in January
2026

Faber & Sapiens